JN437827

삶에 대한 오해

이채령

경주에서 태어나 경주여고, 성신여자대학교 졸업.
2011년 《심상》으로 등단.

삶에 대한 오해

—

초판 1쇄 2018년 1월 15일
지은이 이채령
펴낸이 김영재
펴낸곳 책만드는집

—

주소 서울 마포구 양화로3길 99 4층 (04022)
전화 3142-1585·6
팩스 336-8908
전자우편 chaekjip@naver.com
출판등록 1994년 1월 13일 제10-927호

—

ISBN 978-89-7944-643-2 (04810)
ISBN 978-89-7944-354-7 (세트)

책만드는집 시인선 104

삶에 대한 오해

이채령 시집

책만드는집

| 시인의 말 |

이곳 경주로 귀향한 지 어느덧 10년의 세월이 흘렀다.
도망치고 싶었던 어린 시절
지나간 것은 하나도 아름답지 않았다.
옛 살던 곳을 쳐다보는 시선에는
여전히 화석이 된 둔중한 통증이 남아 있다.
엄마가 살던 집에 살면서 과거형의 그녀의 삶이 현재형으로 내 삶 속에 들어왔다.
매일 그녀의 삶을 반추하며 불행을 함께 울어주지 못했음을
좀 더 다정하지 못했음을 도망치지도 못한 채 매일 벌을 받고 있었다.
겨울에서 가을까지
눈雪물도 눈물, 빗물도 눈물
처마에서 떨어지는 물은 모두 눈물이었다.
눈물의 임계량을 넘으면 시가 된다는 것.
그렇게 자기 구원의 시를 쓰면서 눈물은 걷혀가고 있었다.

뒤돌아보면

어린 시절의 꿈을 되찾게 해준 시와의 조우는 순전히 엄마 덕이다.

눈물로 얼룩진 이 시집을 엄마에게 바친다.

서천 하늘을 물들이는 처연한 노을빛.

서출지의 이승이 아닌 듯 아름다운 밤.

황룡사 터의 바람 부는 들판.

나는 이제 다시 경주의 속살을 만나러 걷고 또 걸을 것이다.

내 방을 마련해준 남편,

시집을 도와준 고맙고 미안한 딸 선주,

부끄러운 시를 세상 밖으로 끌어내 준 언니,

따뜻한 시선으로 해설을 써주신 김성춘 선생님께 깊은 감사를 드린다.

2017년 겨울

이채령

| 차례 |

1부

2부

3부

4부

5부

1부

“이제는 혼자 놔두면 안 된데이”
중환자실에 실려 가면서
마지막으로 엄마는 그렇게 말했다
그 소리는 벼락처럼 나를 때렸다
나는 엄마가 혼자 있기를 좋아하는 줄 알았다
투병 기간 내내 혼자 방치한 자신을 용서할 수가 없었다
자신에 대한 오해
타인에 대한 오해
도대체 내가 아는 건 무언가
도대체 내가 안다고 하는 건 무언가
주위의 모든 것들이 갑자기 아득하게 멀어져 갔다
소통이 큰 화두로 다가왔다

어름사니

일찍이 내 삶이 위태위태했을 때
어름사니처럼 살고 싶었다
얼굴에 분칠을 하고
사물놀이 패를 따라다니며
어떻게 하면 떨어지지 않고
줄 위에서 잘 놀 수 있을까
두 팔을 펼치고 균형을 잡아야 해
이 지구별에서는 균형감을 갖는 게 중요하지
초 단위로 아니 그보다 더 잘게 쪼개진
틈으로 망상이 들어오면 끝이야
생각이 끊어진 자리에 오는 적멸
여전히 삶은 강팍하고
사막에서부터 먼지바람이 불어와도
줄 위에 서서 춤을 추어야 해
매호씨야 장구채를 잡아라
한바탕 신나게 놀아보자
덩기덕 쿵덕 더러러러러러

귀향 일기 1

산 아랫마을의 가을은 더디 오고
첫눈이 올 때까지 오래갔다
붉게 물든 단풍이 석양에 빛날 때는
초가지붕이 불타는 줄 알았다
낙엽을 끌어모아 군불을 지피고
이른 저녁을 지어 먹고
얼음 조각처럼 박힌 별들의 마당을 지나
내 거처로 들면
방 네 귀퉁이 죽은 벌레들의 시체를
장례도 없이 쓸어 담고
마른 장작 같은 육신을 뉜다
긴 여행의 끝
마침내 도달한 고향의 집
방바닥의 따스함이
어떤 등식의 화학반응으로
행복의 부호로 바뀌는지 알지 못한 채
나는 매일 밤

몸과 마음의 不二를 본다
별빛이 가득한 마당을 이고 누워
단풍잎같이 한없이 가벼이 구르며 깔깔거리며 사라지는 꿈을 꾼다

귀향 일기 2

그해 봄은
오래 열병을 앓는 철쭉과
외로움에 말을 걸어주는 양귀비꽃과
개 두 마리와 살았습니다
사람이 그립지 않은 것은 아니었지만
꽃이나 개보다 사람이 나으리란 건
참 나이브한 생각이지요
봄꽃과 여름 꽃이 차례를 잊고
한꺼번에 폭죽을 터트릴 때는
혼자인 것이 외로움이기보다 미안함이었어요
무엇보다
양귀비꽃의 거역할 수 없는 유혹에
삶이 중독될까 봐
그게 가장 큰 걱정거리였지요
채소밭에 물 주는 건 잊어도
꽃들이 목이 타는 건 금방 알았거든요
솔숲 위로 파란 하늘이 열리고

이제 그만 자리를 털고 일어나야겠어요
세월이 흘러
옛얘기 쌓인 돌담 위로
전설처럼 이끼가 덮이겠지요
솔숲은 더 높이 키를 키우겠지요

어머니

어느 핸들 봄이 그냥 오는 법이 없소
밤새 부는 비바람에
며칠 전 핀 벚꽃 복숭아꽃 다 져버리고
오늘도 맵찬 바람이
노란 제비 새끼 주둥이 같은
수선화 새싹을 꺾어버렸소
옥색 명주 수건을 쓰고
신작로 길을 하염없이 가고 있던
젊은 시절의 어머니
그렇게나 도망치고 싶었던 삶
머리끄덩이 잡혀 또다시 끌려 나오고
끝내 어머니의 봄은 오지 않고
춥고 어두운 겨울만 사셨지요
이 생이 곧 연옥이라
생전에 이미 육탈을 이루시어
백골로 누운 밤
다시는 새벽이 올 것 같지 않은

긴긴밤도 있었고
다시는 아침이 오는 것을 보고 싶지 않은
짧은 밤도 있었겠지요
쓰러질 듯 쓰러질 듯
끝까지 완주해낸 마라토너를 안듯
한없이 가벼워진 당신을 끌어안습니다

살풀이춤

가지 마
아직은 안 돼
하늘을 찢을 듯한 비명에도 아랑곳 않고
화부는 관을 밀어 넣었다
불길이 관을 핥으며
덩실덩실 춤을 춘다

어미를 일찍 잃고 외조모가 거두어
열여덟에 시집온 그녀는
늘 정이 고팠을 것이다
부모 복 없는 년 남편 복 없고
남편 복 없는 년 자식 복 없다는
그녀의 넋두리는 말이 씨가 되었다
남편은 걸핏하면 패고
자식은 아무도 살갑게 굴지 않았다
물에 빠져 죽을까
명주 수건으로 목을 맬까

허공에 던진 수건
하르르 떨어지고
엎디어 흐느끼듯
어깨가 들썩인다

불꽃은 활활 타오르다가 낮게 포복한다
폭 고꾸라져 다시는 일어설 수 없을 것 같은
그녀를 일으켜 세운 건
내맨치로 에미 없는 자식 안 맨들라꼬

긴 치마꼬리 후려잡고
버선발로 종종걸음 치듯 걷는다
그녀에게도 어릴 적 꿈은 있었으리
엄지와 검지로 나비를 잡듯
가만히 쥐기만 해도 멍이 드는
여리디여린 참꽃 같은

그녀의 몸엔 참꽃색 멍이 가실 날이 없었다
파스 냄새가 진동하는 방 안에
불을 켜지 않은 채
상처 입은 짐승처럼 어둠 속에 웅크리고 있었다

자진모리장단에 맞춰
빙글빙글 돌아간다
하늘과 땅이 뒤집힌 듯 어지러이 돌아가다
문득 멈춰 선 그 자리
황톳빛 먼 길
흰 수건 길게 혼령인 듯 끌고 간다

포옹

이 생에서 마지막인 듯
우리 한번 안아보자
앙상한 겨울나무처럼 마주 서서
아직도 남아 있다면
그 미지근한 체온과
아직도 남아 있다면
그 깃털 같은 사랑과
결핍에 늘 시리기만 하던 텅 빈 가슴으로
처음이자 마지막인 듯
뜨겁게 아프게 한번 안아보자
네가 나인 듯
내가 너인 듯

눈의 환

쌓인 눈이 바람에 날려
다시 공중에 오르는 이곳은
아직 이승이라요. 어머니
내가 그리워하는 것은
어머니일까요
어머니 계신 곳일까요
내게 슬픔을 빼면 남을 게 무엇일까요
처마 밑에 말라가는 씨옥수수나 시래기
또는 오랜 풍화작용 후 백골만 남아
바람에 우는 풍경 소리면 좋겠어요
설경의 수묵화처럼
세상에 두 가지 색만 존재한다면
우리의 슬픔은 좀 감추어질 수 있었을까요

달빛과 눈. 눈과 달빛
나는 왜 자꾸 그것들을 혼동할까요

달빛 아래 눈처럼 환하던 어릴 적 그 운동장
그 달빛이 눈 위에서 사금파리처럼 빛나는
이곳은 아직 이승이라요. 어머니

옛이바구

내 어릴 적 외가는 학교 관사였어
외할아버지가 시골 교장 선생님이셨거든
방학 때면 우리를 데리러 오셨지
덜컹거리는 버스를 타고 멀미를 하며 갔어
관사는 대개 일본식 벽장이 많아
숨바꼭질하면 숨을 데가 많았지
어느 밤 학교 운동장에
달빛이 환해 눈이 온 줄 알았어
온통 보랏빛이던 유년 시절
봄날 복사꽃처럼 환한 분홍빛 추억이었지
부모님은 사흘이 멀다 하고 싸웠지
어쩌다 오시는 외할아버지께서
싸우는 꼴을 피할 수가 없었지
장인 앞에서 사위가 딸을 패는데도
늙은 장인은 돌아앉아 눈을 감은 채
묵묵부답이셨지
그때는 너무 답답했었는데 지금은 알 거 같아

할아버지 마음이 어땠을지
어느덧 내 딸이 시집가 나도 할머니가 되었어
무언가가 된다는 건 쉽고도 어려운 일이야
딸이 가끔 전화가 와 사위와 싸운 얘기를 하는데
그럴 때마다 할아버지의 돌아앉은 뒷모습이 떠올라
전화기를 들었다 놓아버리지
그렇게 많은 말을 하는 침묵의 등을
나는 본 적이 없어
요즘은 자주 돌아가신 지금 내 나이 적
옛 어른들이 생각이 나
옛집도 생각나고

빚

외할아버지가
방학이면 우리를 데리러 오신 건
우리가 이뻐서 그런 줄 알았다
내가 매일 아침 수돗가에 핀
채송화를 들여다보듯이
외할아버지는 엄마에게 갚아야 할 빚이 있었던 거다
새장가를 드느라
너를 못 키워서 미안하다
똥차를 치우듯이 일찍 시집을 보내버린 것도
그리하여 평생 불행한 삶을 살게 한 것도
옛날 어른이라 아무 말도 못 하고
대신 우릴 돌봐주신 거라는 걸
손녀를 업고 동네 한 바퀴를 돌면서
오십견이 와 병원 침대에 침을 꽂고 누워서
문득 그런 생각이 들었다
물론 나는 할아버지 때만큼
옛날 사람이 아니라

딸아이를 잡고 미안하다고 했다
괜찮아
딸아이는 쉽게 대답했지만
괜찮지 않다는 걸 안다
여전히 머뭇거리며
저만큼 멀찍이 외롭게 서 있다
구천까지 따라온다는 빚을 갚으려고
오뉴월 염천에 전화를 한다
애 데리고 한번 놀러 와

용강공단을 지나며

거기
유년의 논두렁이 구불구불
뱀처럼 기어 나오고 있다
탱자나무 울타리에
돌배가 몇 개 달린 과수원
아버지는 늘 시내 볼일이 많았었지
부나비처럼 도시의 불빛을 좇아서
아직 엄마인 것이 어리둥절한
어린 새댁이 아이를 업고 서성이던
집 앞 신작로
아우야
언제 우리에게 따뜻한 시절이 있었던가
아무리 세월을 더듬어봐도
잡히는 건 슬픔의 강건한 뿌리
저기서 중천을 찌르는 소나무처럼
웃자라 버린 슬픔의 키
네가 바보처럼 흐흐흐 웃는 건

다만 우리가 웃을 수 있는 사람이라는 것
소나 개나 닭이나 오리가 아니라는 것
우리는 너무 일찍 알아버렸다
인생이란 페이소스로 가득 찬 농담이란 걸
두레박을 던지면
한참 후에 첨벙 소리 나는
깊은 우물이 있었지
끝이 닿지 않는 슬픔 같은

알토

내 엄마가 그랬듯이
부르기만 해도 눈물이 나는
딸아 아들아
세상의 미아가 되어 외로운 저녁이면
목청을 돋우어 노래를 불러라
내가 알토를 깔아주마
눈치 못 채게 네 멜로디에 숨어서
잔잔하게 흐르는 물처럼 바람처럼
백화만발한 봄의 언덕을 지나
쓸쓸한 가을 들판
흰 눈 덮인 겨울의 골짜기에 닿을 때까지
네 노래가 더 아름다워지도록
속이 텅 빈 채
새싹을 틔우는 늙은 모과나무 보초 서 있는
구 박물관 마당을 지나
나는 오늘도
합창단의 알토 파트에서

연두 잎 속에 수줍게 숨은 모과꽃처럼 소리 죽여 꾹꾹
음표로 누른다

가지치기

봄이 오기 시작하는 길목에
영덕 복숭아밭에 가면
무수히 잘린 가지 이불처럼 덮고
분홍빛 세상 피워 올리나니
내가 죽어
네가 산다면
기꺼이 네 발아래 목을 내놓을 테니
겨울을 견디고 다시 물오르는 가지 치듯
치고 앞으로 나가라
누가 모정을 아름답다 했나
그는 잔인한 취미를 가졌거나
얼치기 미학자이거나
나를 밟고 네가 바로 설 수 있다면
그래라

세상에서 가장 슬픈 말

입술을 붙였다 떼기만 해도 나는 소리
부르기만 해도 눈물이 나는 소리
엄마라는 말 참 쉽지요
너무 쉬워서 함부로 발로 차도
잘 굴러갈 것 같은 몽돌 같은 여자
소낙비처럼 흠씬 두들겨 패도
소리 없이 울기만 할 것 같은 여자
지금은 두리뭉실 닮았지만
한때는 송곳처럼 뾰족했을 여자
그런 슬픈 족속이
이 지구별에는 천지 삐까리지요

사각지대

이제는 노인이 된
한 늙은 애를 알고 있다
우리는 어릴 적처럼
하루 종일 숨바꼭질을 한다
그는 능숙한 게임을 하고
나는 늘 술래가 된다
왜냐하면 시간과의 싸움에
이길 수 있는 자는 없기 때문에
휘익 돌아보면 어느새 담장 밑으로
키를 낮추거나
집 모퉁이로 뱀처럼 스르륵 꼬리를 감춘다
애야 이제 그만 나와
들키면 혼이 날 호랑이 같은 아버지
돌아가신 지 수십 년
기억의 문양은 화인보다 깊다
아직도 모퉁이에 서서 떨고 있는 아이
이제는 노인이 된 늙은 아이

아마도 그는 밤마다
심해의 물고기가 되는 꿈을 꿀 것이다
숨을 곳이 없어 몸이 투명해진다는

* 내게는 어릴 적 엄한 아버지 밑에서 분재처럼 자란 동생이 있다. 이리 꺾이고 저리 휘어져 그 상처가 고스란히 남은 불쌍한 늙은 아이.

눈 깜박할 새

뭐 하느라 그리 바빴는동
늘 가던 뒷산
산꽃을 보지 못한 채 봄이 갔습니다
혼자 울다 지친 아이처럼
때죽나무 꽃이 지천으로 떨어져 낙엽처럼 쌓여 있고
아카시아 꽃은 먹다 남은 밥풀처럼 몇 알 가지에 붙어 있었습니다
세상의 모든 것을
다 볼 수도 다 알 수도 없지만
인적 드문 산속
저 혼자 피었다 져버린 그 꽃들을 생각하면
봄이 다 가도록 가슴이 아렸습니다
뭐 하느라 그리 바빴는동
아이들 어릴 적 앨범 사진을 보니
작은 꽃처럼 이쁘게 피었던 어린 시절은
눈 깜박할 새 지나가고
그때 나는 뭘 했을까

아마 그 작은 꽃들을 들여다보는 것보다
하찮은 일을 했겠지
시간이 기다려주지 않고
너무 빨리 가버렸다고 핑계를 대기에는 이제 너무 나이가 들어
비행기가 지나가는 하늘
미어캣처럼 귀를 세우고
내가 들을 수 있는 가장 먼 소리의 파장을 듣습니다

똥

세상에서 제일 무서운 게 뭐지
누가 묻는다면 똥
똥통에 빠져본 적도
그 위에 주질러 앉은 적도 없지만
나는 똥이 무섭다
대장암 말기의 엄마는
매일 죽어가고 있었다
시간은 지구가 공전하는 속도로 천천히 흘러가고
그래서 별렀다
똥 싸기만 해봐라
어느 날 몇 걸음도 안 되는 화장실을 못 갔다
얼씨구나 보따리를 싸서 얼른 병원으로 옮겼다
똥을 치워버렸다
그리고 며칠 후 엄마는 갔다
장례식에서 누구보다 소리 내어 서럽게 울었다
죽고 나면 집집마다 효자 난다고 했다
한동안 내 몸에서 똥내가 나는 듯했다

아버지의 발

아버지 숨을 거두신 후
흰 침대 시트 밖으로 삐져나온
무지외반증의 발
불안정한 소년은 자라
사막의 낙타 같은 장년의 시간을 걸어서
쓸쓸한 노인이 되기까지
지치도록 끌고 다녔을 굳은살이 박인 발
영정 사진 속
복잡한 표정의 얼굴보다
정직하고 솔직한 아버지의 모습
바깥쪽으로 굽어져
엄지 뼈의 돌출이
나무의 옹이 같다

긍휼히 여기사

당신이 스스로 성당으로 걸어 들어가
스테파노가 되었다는 게 무슨 뜻인지 나는 압니다
내가 몇 번의 버스를 갈아타고
눈 내리는 밤 호두마을을 찾았듯이
일모도원이란 옛말도 있듯
갈 길은 아직 남았는데
날은 점점 어두워지고 있겠지요
제 속에서 하염없이 불어나는 걱정이
눈송이처럼 커지겠지요
누군가의 어깨에 지친 머리를 얹고
이제 그만 쉬고 싶은 거겠지요
성호경을 긋고
미사를 바치고
(두 손을 모으는 복종이 왜 항복처럼 보일까요)
주기도문을 암송하며
죄의 사함을 청하고
육중한 성당 문을 나와

다시 죄의 세상 속으로 걸어 들어갑니다
오는 길
갑자기 끼어드는 앞차에 여전히 욕을 하고
저녁 뉴스 시간에
야바위꾼 같은 정치인을 비난하고
아무것도 달라진 것은 없지만
지긋지긋하게 붙어 다닌
바보 같은 자신과 결별하고
다른 이름으로 살고 싶은 거겠지요
그러나 결국
당신이 스테파노가 되었다는 건
헛똑똑이가 아닌
진짜 바보가 되는 길 위에 섰다는 거겠지요

비가 온다

내가 네게 해줄 수 있는 건
겨우 멸치볶음
부추김치 딸기잼
진짜로 네게 해주고 싶은 건
그게 아닌데
가슴 벅차오르는 포옹
어깨에 떨어지는 눈물
비가 온다
너도 울고 있니?
한 회색이 다른 회색에 섞여
분별없이 우리가 되는 저 먼 바다
네가 울고 간 흔적처럼 파문을 지우고
후드득후드득 키 큰 오동잎을 때리는 빗방울이
바다에서는 얼마나 순한 양이 되는지
소리 없이 스며들어 우리가 되는 소멸의 순간들
눈물을 닦고
수평선 위 조금씩 밝아오는 하늘을 보아

고개를 들면
거기 희망처럼 파란 하늘이 있어

2부

사람들은 저마다 거대한
외로움의 뿌리를 박고 바다 한가운데 떠 있는 섬이다

올레길

놀멍쉬멍
올레를 걸었네
바람이 시키는 대로
팔랑거리는 리본을 따라
그건 결코 놓치면 안 되는 화두 같은 거였네
얼마나 자주 길을 잃고 헤매었던가
바다와 하늘이 맞닿은 풍경을 지나
까만 현무암의 해변을 지나
어느 순간
우주에 오직 파도와 바람만 가득 찬 절벽에 섰네
바람이 한사코 벼랑 아래로 떠밀어 내려는데
놓아버리고 싶었던 삶을 풀포기보다 강하게 움켜잡았네
하얗게 부서지는 분노와 끝내 터트리고 마는 통곡을
들었네
또다시 숨결 고른 바람이 들락거리는 낮은 돌담을 지나
서로에게 배경이 되어 더욱 눈부신
남빛 바다를 낀 노란 유채밭을 지나

다랑쉬오름을 오르며

한 걸음 한 걸음 하늘로 가는 길
얘야 힘들면 멀리 보지 마라
하루하루만 살아라
꿈을 갖는다는 건
헛된 희망을 품는 거란다
고개 숙여 발끝만 보며 걷는다
문득 뒤돌아보면
갈 길보다 온 길 더 아득해
떨어지면 천 길 낭떠러지
허무 너를 안고
자갈밭에 구르고 싶더라
언어는 무용의 기호일 뿐
호명할 누구도 없이
산다는 건
맞바람을 혼자 걷는 일이다

아끈다랑쉬

억새가 흔들리면서
저 혼자 흔들리는 게 아니다
억새가 울면서
저 혼자 우는 게 아니다
억새가 쓰러지면서
저 혼자 쓰러지는 게 아니다
억새가 일어서면서
저 혼자 일어서는 게 아니다
머리 허연 채 흔들리는
나는 너다

따라비오름에서

바람에 등 떠밀려 올라
꼭대기에 서니
두 팔로 밀치듯 밀어내는 너를
어떻게 이해할 수 있겠니
모자를 날려버리고
멱살을 잡고 와락와락 흔들며
이래도 안 내려갈래? 협박한다
오름아. 바람아
내 인생에 너희만 훼방꾼이 아니었음을 안다
거부하는 온갖 것들에 싸여
나는 섬이다
무릎을 꿇고 납작 엎디어
한없이 낮아질 때
그래도라는 섬이 있다는 말을 떠올린다
나는 오름의 이쪽 언덕에서
너는 반대편에서 올라와
언덕 위에 불쑥 솟은 보름달을 보듯

네 얼굴을 볼 수 있다면
또는 네가 시계 방향으로 걸어오면
나는 반대 방향으로 와
어느 바람 부는 한곳에서 마주칠 수 있다면

사라오름

굴거리나무 군락을 지나
속밭 삼나무 숲을 지나
구상나무 식솔을 거느리고
키를 낮추어 사는 윗동네에 이르면
마침내 만나는 산정호수
호수는 얼어
속을 보여주지 않았네
네 마음을 보여줘
누군가가 던진 돌은 그렇게 말하듯
호수 위로 뒹굴고
언 호수 위에 쌓인 눈은
더 완강한 침묵을 덮고 있었지
누군가 일러주지 않았다면
호수 뒤편의 숨은 그림을 놓칠 뻔했지
호수가 다 담지 못한 풍경
또는 타진하는 돌멩이에 대답 같은 거
그날 우리가 저물녘까지

그곳을 떠나지 못한 것은
더 이상 목적지를 갖지 않아도 좋을
순도 백의 적요가 스며드는 시간을 기다려야 했지
방전된 핸드폰이 충전되는 시간만큼
이미 어둠 속에서 서서히 윤곽을 잃어가는
위협적인 나무들
숲의 주인임을 알리듯
공중을 선회하는 까마귀 떼
그들에게 남은 음식 찌꺼기를 던져주고
거인에 쫓기는 동화 속의 아이처럼 달려
바싹 따라오는 어둠을 따돌렸지
얘야
그날 네가 발아래 비춰준 핸드폰의 불빛은 웜홀 같은 거여서
빛의 속도보다 더 빠르게
어둠을 통과할 수 있으리라는 것
그 터널의 끝에 빛처럼 환하게 네가 있으리라는 것

I wish I were an island

외로운 사람은 더 외로워지기 위해 섬으로 간다
한 슬픔이 다른 슬픔을 위로하듯
한 기쁨이 다른 기쁨을 위로하듯
봄날 파스텔 톤의 노랑과 초록의 들판
어딘가에 남아 있을 것 같은 옛길
흔적도 없이 사라지고
바람 부는 이승이었을까
꽃 피는 저승이었을까
밤새 파도가 수만 번을 쳐도 나는 모를레라
수평선이 이마에 걸리는 창가에 서서
사구가 조수에 밀려 지워지는 시간 동안
그것을 지켜보는 것이
어떤 크고 원대한 것을 꿈꾸기보다
사소한 것만은 아닐 거라고 생각하며
바위에 붙은 따개비처럼
퍼질러 앉아
그 섬이 되고 싶다

지심도只心島

지심도에는
달이 지지 않는 하늘에 해가 뜬다
동쪽과 서쪽에서 마주 보고
그 가운데 견우와 직녀가 만나지 못한 거리만큼
달이 뻔히 눈 뜨고 도둑맞은 하늘이 있다
죄의식도 없이 생목숨을 버리는 동백처럼
독하지를 못해서 차마 떠나지 못하고
희미하게 남아 있는 달이 있다. 내가 있다
마음 心 자 닮은 지심도
바다가 보이는 민박집에서
하룻밤을 자고도 서로의 마음을 모른 채
막배를 타러 달려 내려가는 남녀가 있다
돌아가는 길
다시 한번 뒤돌아보며
꽃길 위에 떨어진 마음을 황급히 주워 담아 가는 섬
남해 바다에 지심도가 있다

소매물도를 다녀와서

오랜 마음속의 풍경 하나
이제 지우겠네
주머니에서 닳아 쓸모없어진 지도
소지하여 훨훨 하늘로 보내겠네
40년의 세월은
등대섬을 찾아가는 길만큼 멀고도 험하더라
당신은 저만치 앞서
산모퉁이를 돌아 보이지 않는 길
바다를 앞에 두고 앉아
바닷물에 짠 내 눈물도 보탰느니라
길이 끝나는 곳에
마침표처럼 등대섬 하나
그곳을 건너기 위해
바다가 길을 열어줄 때까지 기다려야 하네
하루에 두 번
갈라졌다가 합치는 길
합쳤다가 다시 갈라지는 길

이쪽과 저쪽에서 달려와
으르렁대며 수없이 부딪치다가
드디어 고요한 하나가 될 때까지
또다시 등을 돌리고 멀어져 가는 그대여
평생 살아온 우리들의 모습 같은
바다가 내어준 길
열목개의 몽돌을 밟으며
우리도 하나 풍경이 된다

해파랑길

왼쪽으로 수협 창고의 담벼락을 끼고
바다는 내 오른편에서 출렁거리고
나는 목이 마르다
시멘트 바닥에 우뭇가사리, 미역 말리는
가난한 어촌 마을을 지나
길은 뜨겁게 달구어져
길 위의 무엇이든 태울 듯한 적의를 드러낸다
나는 무슨 고행을 하러 이 길에 든 것일까
이미 고해苦海의 바다를 건너고 있는데
패랭이꽃 핀 길가에 주저앉아
더 이상 걷고 싶지 않다고 떼쓰는
내 안의 아이를 달랜다
저기 저 빨간 등대까지만 가자
그러면 시원한 망고주스 사줄게
아이와 함께 울어버리는 초보 엄마처럼
무릎 사이에 얼굴을 묻고 운다
겨울새처럼 작고 동그랗게

한바탕 시원하게 소나기가 지나간 듯
개운해진 얼굴로
다시 일어나 걷는다
황홀한 일몰을 준비하는
등대를 향해

3부

나는 가끔 내가 나무인 듯 느껴질 때가 있습니다
바람 부는 날, 미친 듯이 몸부림치며 울부짖는 그 슬픈 몸짓
비가 오면 뼛속까지 흠뻑 젖어 사무치게 느껴지는 한기
햇빛 속에서 이파리마다 반짝거리는 행복
산다는 건 그처럼 어찌할 수 없는 슬픔이며
순간순간 빛나는 행복이 아닐까요

능소화

능소화로 덮인 대문을 나설 때는
꽃그늘 아래 서서
잠시 위를 한번 올려다보곤 했는데
마침 그때 떨어지는 능소화와
눈이 마주쳤었는데
그즈음 당신은
세상의 끝에 서서 능소화처럼
가는 가지에 매달려
하루하루를 버티고 있는 중
능소화가 떨어지듯
툭 이승의 손을 놓고 싶었을 터이나
상처나 노추 없이 밝고 맑은 얼굴
차마 쓸어버리지도 밟지도 못하고
엉거주춤 서서
한 송이씩 주워 담장 위에 얹는다

함박꽃

시어머니는
작약을 함박꽃이라 했다
사진 속에서
수줍은 미소를 짓고 있는 젊은 시절의 어머니와
닮은 듯한 이름
꽃 피기를 기다리려면 긴 대궁이처럼
한없이 목이 길어져야 한다
아들네 다니러 온 노부부는
전신주에 앉은 참새 떼처럼
마루에 나란히 앉아 있거나
오누이처럼 손잡고 산책을 했다
그밖에 달리 할 일이 없는
노년의 삶이란
깊은 물웅덩이처럼 우울하고 고요했다
참을 수 없는 고요함을
돌팔매로 깨뜨리고 싶어질 때쯤
그들이 떠난 후

새가 앉았다가 간 나뭇가지처럼 한참 흔들렸다
눈만 뜨면 마당에 나가 풀을 뽑곤 했는데
자고 나면 새 풀이 지천으로 돋아나
풀이 없어 걱정할 일은 없었다
봄날은 가고 또 봄날은 가고
그제야
함박꽃이 벙글기 시작했다

난초

발끝을 세우고
두 팔을 펼치고
춤추는 발레리나처럼
난초꽃이 올라오고 있습니다
우아한 보랏빛 드레스를 입고
그 옆에서 플루트를 불고 싶어집니다
봄의 왈츠가 좋겠군요
쿵작작쿵작작
4분의3박자에 맞추어
반짝반짝 빛나는
봄날이 가고 있습니다

달개비

새색시처럼
남색 치마에 노랑 저고리를
곱게 차려입었지만
아무도 봐주는 이 없어요
돌담 위로 자갈밭으로
오직 한 사람만 향해서
기고 또 기어갑니다
당신에게 뻗은 손이
허공만 움켜쥐더라도
땡볕에 타는 이 사랑을 멈출 수가 없어요
동산 위로 저녁달이 떠오르면
나비처럼 곱게 날개 접고
꿈속에서도 당신을 꿈꿉니다

섬말나리

한여름
정오의 햇살이 퍼붓는
땡볕에 서서
각혈을 하듯 울컥울컥
슬픔을 토해내는
가늘고 긴 모가지를 빼고
너는 어느 섬에서 와서
고향의 바다, 출렁대는 파도를 그리워하는가
긴 장마 후
가재도구며 겨울 외투
닥치는 대로 들고 나와 말리는
삼복의 여름에도
마르지 않는 이 슬픔을
참수하여 장대에 걸어놓을까

꽈리

사랑한다는 말은
차마 하지 않겠습니다
세상 모든 사람이 쓰다 버린
누더기를 당신께 드릴 수는 없지요
어머니 신던 버선 같기도 하고
버선코 위에 떨어뜨린 눈물방울 같기도 한
여물어가는 것의 속을 꼭꼭 감싸
저승까지 가지고 가야 할
그 무엇이 있기나 한 걸까요
사랑한다는 말은 끝내 하지 않겠습니다
그래도 당신이 원하시면
속을 파내고
텅 빈 가슴으로 불러주는 사랑 노래

비슬산 참꽃

네가 오라 하면
언제든 달려가마
마른하늘에 소나기 오듯
일시에 득달같이 달려가마
온 산에 불을 지르듯
네 가슴에 불을 질러놓을 게다
시퍼렇게 멍든 가슴을
활활 태워버릴 게다
더 이상 나올 수 없는 울음
꺼이꺼이 울며
내 어머니의 어머니
할머니의 할머니가 넘었던 고갯길
그 먼 길을 돌아 다시 선 이 자리
밟혀도 밟혀도 다시 살아나
그 서러움 온 산천에 뿌려
이리도 슬픈 핏빛으로 물들이는 들녘
네가 부르면 언제든 달려가마

눈물로 어룽진 열두 폭 치마
깃발처럼 펄럭이며

봉숭아꽃

내 손바닥 위에
네 손을 가만히 올려놓아라
손톱 하나하나에
정성스레 꽃잎을 얹고
마음을 들키지 않게 꼭꼭 동여맨다
차마 하지 못한 얘기로
네 마음을 물들일 수 있다면
여름의 끝
스산한 바람이 불고
가야 할 것들이 쓸쓸한 뒷모습을 보일 때
네 손톱도 자라
손톱 위에 초승달이 뜨거든
그때까지만 날 기억해다오
첫눈이 올 때까지

신불산 억새

올라올 때
배낭 가득 지고 온 짐 비우고 가듯
다 내려놓고 가라 하네
마지막 남은 한 방울까지 비우고
심해의 바닥
납작 엎드린 넙치처럼 살라 하네
무욕의 마음자리 가운데
바람이 쓸고 지나가네
바람에 쓸려 억새처럼 눕네
먼 산은 몇 겹의 바다를 건너야
영원에 닿을 수 있을까
은물결의 파도 타고
아득한 그리움의 끝에 가 닿겠네
끝이 없을 것 같은 끝을 보겠네

매화를 찾아서

오래전 어느 봄
어머니와 떠난 남도 길에서 만난
매화 향기
향기 따라간 길 끝에
전설처럼 매화마을이 있었네
어머니는 가고
해마다 어머니의 향기를 좇아
남도를 찾았네
참으로 견디기 힘든 혹한을 이긴 매화 같은
폐부를 깊숙이 찌르는 비수 같은
어머니의 매운 향기를 좇아서
어느 날
식물원 비닐하우스에서 매화를 만났네
피고 있는 것
피려 하는 것
이미 져버린 것
모든 종류의 매화가 거기 다 있었네

한 달이나 먼저 거기 다 있었네
어린아이가 울음을 그치듯
나의 방랑은 끝났네
아이는 더 이상 계단을 오르지 않고
길 끝의 길에서 돌아올 줄 알았네

은사시나무

더 이상 나는 숨지 않으려네
달콤한 눈물의 가면 뒤로
짙게 페인팅한 피에로의 웃음에도
속지 않으려네
먼 그리움에 시선을 거두고
비 오면 비 맞고
해 나면 말려가며
한 그루 나무가 되려네
바람에 이파리마다 사운대며
속삭이는 소리에 귀 기울이겠네
강물에 눈물처럼 일렁이는
내 모습을 사랑하며
반짝이는 햇살에 슬픔을 말려가겠네
삶이 흘러가는 속도로
머리 위로 구름이 천천히 또는 빠르게 흘러가도
더 이상 시간에 시비하지 않겠네
결코 날 수 없는 무수한 새 떼의 날갯짓

결박당한 채 파닥이는 욕망
잠들지 못하는 꿈을 깨울까 봐
조용히 흔들리겠네
나는 더 이상 꿈꾸지 않으려네

단풍나무 숲길

나의 뜰에
할미꽃 피던 봄부터
마지막 국화가
종이꽃처럼 말라가던 가을까지
나는 늘 기다렸습니다
네가 와서 봐주기를
너 없이
날다람쥐, 새들, 잠자리, 나비와 보낸 한 해가 가고
마지막 선물인 듯 단풍잎이 물들고 있습니다
나는 압니다
단풍잎은 왜 날마다 신열을 앓으며
조금씩 붉어져 마침내 열꽃이 번지듯 속살까지 물드는지
네가 왜 오지 않고 손이 아프게
핸드폰 문자만 보내는지
눈물이 떨어져 네 손등을 적시는 것도
그럴 수밖에 없는
저마다 다른 존재의 방식에 대해서도

잎을 다 떨구고 가벼이
단풍나무는 단풍나무의 길을 가고
무거운 외투 입고
너는 너의 길을 간다는 것을
통증에 비명을 지르며 붉은 피를 토해내듯
흥건히 꽃 진 자리
단풍잎 진 자리
생에 한 번은 저 광란의 축제에서
황홀히 불타올라
생에 한 번은 저리 속절없이 무너지며
산산이 부서져야 하리
가보지 못한 길의 그리움조차 접고
이제 작별해야 할 시간
너는 너의 길을 가고
나는 단풍 진 숲길을 갑니다

때죽나무

때죽나무는요
너무 많은 꽃을 달고 있어서
양손에 과자를 가득 쥐고 흘리는 아이처럼
발아래 흘리기도 하고요
고개를 들면 거기
애를 놓친 어미처럼 때죽나무가
물끄러미 서 있지요
때죽나무 꽃은요
혼이 난 아이처럼 고개 숙여
제 발등만 바라보고 있지요
눈물을 뚝뚝 흘리듯
때죽나무 꽃을 흘리고 있지요

벚꽃나무 아래서

지나가 버린 것은
모두 잊기로 하자
권투 선수처럼
서로 주고받았던 상처들
겨울 내내
먼지처럼 내려앉은
오버 깃의 외로움도 털어버리고
마른 가지마다 환한 등불을 밝히면
꽃그늘 아래 한결 착해진
단순한 얼굴들이 지나가고
며칠 후 신데렐라의 마법은 풀려
다시 누추한 일상으로 돌아오더라도
단지 우리에게 주어진 건
짧은 순간의 작은 행복일지라도
꼭 그만큼만 행복해지면 되는 것이었다

불갑사 꽃무릇

눈이 화근이야
육문*의 문지기가 되라고 했건만
평생 눈을 쫓아다녔으니
공염불만 하였구나
미추美醜가 하나인 것을
진작에 알았건만 가는 뒷모습
차마 바로 보지 못하겠다
날아갈 듯 해탈을 꿈꾸는
대웅전 지붕 위로
비를 머금은 검은 구름
흰 구름 위로 빠르게 지나간다
곧 흩어질 구름도 서로 비껴가는구나
꽃이 진 자리
푸른 잎들 이른 봄 보릿대처럼
싱싱하게 올라오는구나
나는 가도 너는 살아남아
자자손손 번성하거라

* 안眼, 이耳, 비鼻, 설舌, 신身, 의意.

4부

배기량이 작은 차가 헐떡거리며 언덕을 오르듯 살아온 내력
누구나 다 부끄러운 자신을 데리고 삽니다
너무 불쌍해서 버리지도 못하고
혼자 내 방 안에서 쓰던 시
커밍아웃하면서
나는 더 이상 나를 부끄러워하지 않는다는 것을 알았습니다

배반 통신

중국 귀주에
수염 허연 노교수가
은퇴 후 채찍질할 제자 없어
스스로 하겠다고
낮이나 밤이나 팽이를 치는데
휙 허공을 가르며
딱 후려치는 소리가
지리산 자락에 꼭꼭 숨어 있는
영원사 긴 죽비하고 닮았더라

원근법

집 앞 도랑물 소리가
빗소리에 가려 멀어져 갑니다
작은 슬픔이 큰 슬픔에 가려 사라져갑니다
세상에서 가장 외로운 사람처럼
휘파람새는 밤새 휘파람을 불고
나는 온밤 내내 사라져가는 것의 끝을 잡고 있었어요
길 끝의 길
산 너머 먼 산
강의 긴 꼬리
그리움은 끝이 보이지 않는
절망의 다른 이름이었어요
어둠 속을 박음질하듯 야간열차가 지나가고
기차가 지나가는 마을의 아이는
늘 남아 있는 자의 몫이었어요
울 것 같은 미소로 사라질 때까지 손을 흔들었어요
우리에 갇힌 짐승처럼 긴 목을 빼고
그렇게 바라볼 수밖에 없었어요

당신은 점점 멀어져 가고
낯선 곳에서 또다시 낯익은 삶이 계속되더라도
나는 기다립니다
내일 해가 뜨면
비 그치고
개울물 소리 우렁우렁 들리겠지요

남해 물건마을에서

물빛이 고왔어라
눈물로 일궈낸 다랑논 둑에 서면
먼 이국에서
검은 노동의 청춘을 보내고
돌아온 노부부가
테라스에 의자를 내놓고 쉬는 곳
그들처럼
빨간 뾰족지붕을 짓고
햇살이 수면 위에서 피라미처럼 튀는
바다를 향해 앉아
날마다 장엄한 탄생과 적멸의 일몰을 보면 좋겠네
바닷가 늙은 느티 팽나무
푸조 이팝나무가
지팡이를 짚고 간신히 버티고
두 팔 벌려 해풍을 막아주는 방조림에 기대서서
그들처럼
마지막까지 품을 징한 사랑 하나 있으면 좋겠네

거미의 집

먼저 허공에 크게 원을 그려놓자
어린아이가 흰 도화지에 아빠의 얼굴을 그리듯
그다음엔 안으로 안으로
시간과 공간의 날줄과 씨줄로
촘촘히 그물을 엮듯
동그라미를 다 메워야 한다
한 바퀴 두 바퀴 열 바퀴 스무 바퀴
뱅뱅이를 도느라 상모꾼처럼 어지럽다
오로지 제 몸에서 나오는 진액과 노동으로 집을 지었으니
세상에 빚진 게 하나도 없다
공중에 매달려 그네를 타며
바람이 가르치는
자유를 배운다

그믐밤의 불면증

어둠은 왜 이리 질기냐
자일리톨 껌처럼
아무리 씹어도 삼킬 수가 없구나
불면의 밤인가
불멸의 밤인가
낮에 유리창에 부딪혀
잠깐 죽음을 맛본 작은 새는
무사히 제집을 찾아갔을까
난초잎에 숨어 있던 청개구리 형제는
실뱀을 피해 안전한 거처로 옮겼을까
오줌을 누고
초록 별이 두엇 고장 난 전구처럼 깜빡이는
밤하늘을 한참 올려다보고 들어와도
여전히 그대로인 어둠 속엔 도수 높은 알코올이 축축이 녹아 있네
주정뱅이처럼 취해 떠드는 대신
조금씩 가라앉아 침몰해가는 난파선이 되네

파도에 휩쓸려 이리저리 헤매다 지친 삶이여
이제 그만 네 앞에 무릎을 꿇는다
You win! 네 팔을 들어주마
어느 밤 꿈 없는 잠의 달콤함은
최후의 만찬이 되리니
유리창에 성에가 설산을 그려놓은
눈부신 아침
누군가가 농담처럼 나의 부음을 전하겠지
새가 유리창에 부딪혀 죽었대

집 짓기 교실

황토 집 짓기 교실에 오신 것을 환영합니다
폐교의 운동장 한편에
플래카드가 펄럭이고
새들도 제집을 짓는데 하물며 인간이야
저마다 가슴속에 해묵은 소망을 품고
하늘을 덮은 나무 그늘 아래서
내가 배운 건
치목도 먹줄치기도 구들 놓기도 아니었네
끌. 대패. 톱. 샌딩
공구만큼이나 다양한 인간의 군상들
말없이 묵묵히 일하는 나무를 닮은 사람
마음이 따뜻한 사람
대패질을 잘하는 사람
몇 달간 한솥밥을 먹은 후
아쉬운 작별을 나누며 헤어졌지
후일 품앗이를 약속하며
추운 겨울이 오면

누군가는 집을 짓고
누군가는 수료증만 서랍 속에서 잠들겠지
이 생에서 허락된 건
몇 평의 집이 아닌 육신을 누일 단 한 평의 땅일지라도
그때 그 순간들을 잊지 못하리
고된 노역의 땀을 식혀주던 시원한 바람
사방으로 흩어지던 농담과 웃음소리
높은 나무 끝에 걸려 구경하다 간 흰 구름
카펜터들의 Top of the world였네

겨울 이야기

너는 그날 그 푸르름 속에서 아름다웠지
부드러운 시폰 원피스에
리본 달린 모자를 쓰고
한차례 소낙비에 실려 여름은 가고
도토리가 여물어가는 숲 속
단풍잎보다 붉은 네 립스틱 색은 도발적이었어
우리가 할 수 있는 건 고작
립스틱 색을 선택할 수 있을 뿐
쓰러져 가는 빛
어느 날 갑자기 밤새 첫눈이 왔는데
눈보다 더 반가운 손님이 없다는 게 슬펐어
실핏줄처럼 펴진 가지를 떨며
한쪽 귀때기 눈보라 허옇게 묻히고 서 있는 저 나무처럼
지금은 견뎌야 할 시간
화장을 지우고 민낯의 얼굴로
언 강 밑에 낮은 물소리 웅얼거릴 때까지
슬픔은 잠시 동면하고

우리는 다만 얼어 죽은 새에 관한 부고를 전하거나
슈베르트의 겨울 연가를 들으며
노루 꼬리만큼 길어지는
저녁 해의 게으름에 관해 불평할 뿐이었다

창포리 갈매기횟집

그러니까 그게 저녁나절이었지 아마
조그만 포구에 노부부가 손을 잡고
그들만큼 낡은 횟집으로 들어선 것은
개처럼 하루 종일 헐떡거리며 달려오던 파도가
제풀에 지쳐 잠잠해지고
바다가 엷은 승복색으로 갈아입고 있었으니까
표정이 없는 여자의 얼굴과 텅 빈 눈은
한눈에 정신을 놓아버린 걸 알 수 있었지
잡어를 한 접시 사이에 두고
아이에게 밥을 떠먹이듯 먹여주는
유리창 너머에서 바라보는 풍경은
거짓말이 주는 달콤함처럼
비현실적이게 따뜻하고 아름다웠어
인생은 늘 멀리서 볼 때 아름다운 것이거든
한때는 같이 나눴던 찬란한 햇빛 속의 시간들
일상의 사소한 대화
이제 혼자서 하는 남자의 마임은 계속되고

먹물처럼 사방이 어두워질 때야
모래밭에 발을 푹푹 빠뜨리며 돌아가는 그들을 다시 본 건
이튿날 조수에 떠밀려 해변에 나란히 누워
일광욕을 즐기는 듯한 모습이었지
모차르트 피아노협주곡이 흐르듯 평화로운 아침이었어
인생은 벌레 먹은 단풍처럼 멀리서만 아름다운 법이거든

장날

팔월 열이틀
2일 7일 장이니 오늘이 장날임더 금자 씨
자 안 갈랑교
남편 죽은 지 며칠 됐다고
남들이 욕하니더 그라겠지요
한 줌도 안 되는 뼛가루를 끌어안고 있으나
시간은 맹 같이 가니더
사는 기 죽는 거보다 더 어려분 거 다 아니더
돈 세듯 차곡차곡 묶어 온 깻잎
새벽이슬에 발 적시며 따 온
한 소쿠리의 호박 옥수수를 자식 안듯 끌어안고
어디요. 어떤요. 언제요
사투리 난무하는 경주시 성건동 아래시장
그 복작거리는 길가 엉덩이 비집고 앉아
구름처럼 우뭇가사리 떠다니는 시원한 콩 국물도 한 사발 들이켜고
마른 가자미도 한 마리 더 흥정하며

그리 세월을 보내다 보면
어느덧 우리 차례도 안 오겠능교
그때꺼정 장 하던 대로
자 가시더

절

나는 절에 절하러 간다
우리 아아들 잘 봐주소
부처님 전에 빌고 싶지만
내가 바라는 것과
부처님이 주시는 건 다르다는 걸 알기 때문에
그냥 절만 한다
꼿꼿이 쳐든 고개 깊숙이 숙여
몸의 절반을 접고
무릎을 꿇고 납작 엎드린다
엎디어 어머니 치마폭에 통곡을 묻는다
수보리야
네가 있다고 할 것이 무어냐
백팔번뇌를 천 배 삼천 배 깨고 난 후에도
네가 한 것이 무어냐 할 것이냐
시어머니 그랬듯
절은 왜 높은 산에 있는지
나는 왜 기어이 올라가야 하는지
가르쳐주셔요 어머니

고추를 닦으며

만추의 인색한 햇살이
두어 시간 머무는 쪽마루에 앉아
남산 석불 할매 보살처럼
자불자불 졸면서 고추를 닦는다
죽은 이의 염을 하듯
젖은 행주를 빨아가며 정갈하게
일생의 노고가 고스란히 배어 있는
겹겹이 주름을 펴가며
구석구석 먼지를 닦아낸다
풋풋하던 한 시절도 있었건만
살아남기 위해선 한낮의 땡볕을 견뎌야 하리
살아남기 위해선 매운 성깔 한 가지는 있어야 하리
마르고 또 비워져
마침내 이루어낸 루비빛
황홀한 육탈

사람과 사람 사이

사람과 사람 사이의 거리는
나무와 나무의 거리만큼
너무 가까이도 멀지도 않게
야 하고 부르면 어 하고 대답할 수 있는
딱 그만큼의 거리면 좋겠지
안타까이 너에게 닿고자 했던
닿기만 하면 피를 뚝뚝 흘리던
시간은 덧없이 흘러가고
우리들의 젊음도 흘러가고
거기 어둠 속 어디쯤 서 있다가
부르면 대답할 수 있는
그만큼의 거리면 좋겠지

무제

개미처럼 부지런히 먹여 살린
당신께 해줄 게 하나도 없네
대문간에 세워둔 대빗자루처럼
닳고 쓸모없어
살아도 살아도 인생은 헛발질
송사리 하나 건져 올리지 못한 빈 망태
당신이 채워준 것들로 허기를 면했지
이 아침 가난한 밥상을 차리나
언젠가는
방짜 유기 15첩 반상기에
임금님 수라상을 올리겠네
명사산 모래 한 알만큼이나
갚을 수 있을랑가 몰라

안녕 조이, 내 기쁨

너는 가고 유월의 꽃 만발했다
나리. 치자꽃. 달맞이. 망종화
너 대신 보라고 피었는갑다
시선은 그것들을 비켜
먼 허공에 네 이름을 불러본다
너를 부르다가
오래전 돌아가신 엄마를 부르다가
그건 다른 말의 같은 뜻인지도 몰라
세상에 존재하지 않는
봄날 아지랑이같이 따뜻한

풀씨처럼 날아다니다
우리 집 마당에 내려와
꽃을 피우던 민들레같이
너는 이른 봄 어느 날
작은 귀 팔랑대며 내게로 달려왔지
따뜻한 체온이 그리운 우리는

서로의 외로움을 핥아주며
오래 묵은 연인처럼 기대어 살았지
내가 개이고
네가 사람이라 해도
이상할 것 없는 일체감
어느 사람에 견줄 수 있으랴
우리는 저녁 산책을 좋아해
어둠 속에 하얗게 등불처럼 앞장서면
나는 네 뒤를 따라가기만 하면 되었지
팔랑팔랑 아무 걱정 없이
오직 밝음만 있는 네 가벼운 걸음 따라
내 걱정도 사라지곤 했지
이제 네 투병의 흔적, 이부자리
방바닥에 남은 체액까지 닦으며
네 흔적을 지운다
마당 끝 지척에 너를 묻고
그러나 나는 네 작은 무덤을 찾지 않는다

너는 이미 거기 없으므로
너는 아무 데도 없고 도처에 있다
어느 날은 팔랑팔랑 나비로 날고
어느 날은 못 견디게 흔들어대는 바람이다가
어느 날은 따뜻하게 어루만지는 햇살이다가

광명댁*

마을 어귀 늙은 느티나무같이
우리 동네 초입에
구순 넘은 광명댁 사신다
대문 앞에 잡귀 쫓는 엄나무 있는 집
무시무시한 엄나무 가시도 막아내지 못한 암으로
두 아들 차례로 보낸 뒤
한동안 대문 밖 출입을 못 하시더니
조그만 체구 더 작아져
땅속으로 꺼지듯 겨우겨우 걸으신다
귀신도 눈 뻤는갑다
안 잡아가고
보일 듯 말 듯 희미하게 웃는 모습
마을 뒷산 할매 부처 닮았다

* 올 초 아드님 계신 곳으로 떠나셨다. 마지막까지 미소를 잃지 않고 긴 인고의 시간을 살아낸 그녀의 삶에 경의를 표한다.

댓골댁

태풍이 지나간 뒤
마당에 나뭇가지 어지러이 부러지고
꽃들도 쓰러져 땅바닥에 누웠다
넘어진 분꽃을 일으켜 세워
작은 대나무 가지를 꽂아 묶어줬다
겉에서는 안 보이게
꽃이라고 자존심이 없을까
젊은 시절 막일과 농사일로
허리가 ㄱ 자로 굽은 댓골댁
그러나 자존심은 대쪽 같았다
인간이 어떻게 개나 닭처럼
땅만 보며 살 수 있나
내가 다 존심이 상했다

늘 절 마당처럼 깨끗이 쓸려 있는 집
가르마 반듯한 그녀를 보면
분꽃을 일으켜 세우듯이

대나무로 부목을 대고 반듯하게 세울 수 없을까
엉뚱한 상상을 해본다

어떤 조우

여고 적 선생님을 만났다
그동안 어찌 지냈냐고 물어주셨다
아무 말도 못 하고
눈물이 그렁그렁 대답했다
……
……
말없음표 속에 강물이 흐르고
바람이 불어와 나무의 나이테 같은 파문이
멀리 퍼져나갔다
넘어지고 찢긴 상처와
상처의 아문 흔적 속에서
옹케도 알아봐 주셨다
흰 교복 칼라 속의 목이 긴 소녀를
소녀의 솜털 같은 수줍음을
그 모든 것에서 얼마나 멀리 떠나왔는지

또다시 강물이 흐르고

바람이 불어와 나무의 나이테 같은
파문이 멀리멀리 퍼져나갔다

나의 월든 호수*

수목원 안쪽 깊숙이 작은 호수 하나
제 옆에 서 있는 사시나무 잎 흔드는 소리까지
물속에 비추는
물총새 한 마리 물수제비뜨며
물속 하늘 속으로 사라져간다
하늘 구름보다 물속 구름이 더 깊어서
까마득히 멀리 사라지는 새 떼들
마음을 보라고
또다시 보는 마음을 보라고
새 떼 사라진 물속을 들여다보며
청맹과니처럼 눈이 멀어
물속 하늘 아득히 멀리 사라지는 새 떼들

* 헨리 데이비드 소로가 살았던 콩코드 마을에 있는 호수.

5부

어제는 미친 듯이 바람이 불었고 오늘은 고요합니다
그 속에 사는 인간의 삶
그것이 인생입니다
늘 고요해지려 애쓰는 자신이 무모하다는 생각이 듭니다
이제 자연스럽게 받아들이고 싶습니다
바람이 불면 흔들리고
저녁 바다를 보면 평화로워지면서

일기예보

햇볕 따스한 날
개가 제 꼬리잡기 놀이를 하고 논다
아이러니하게도
지루한 삶을 견디기 위해서
권태가 무기다
울고 싶은 날
슬픔의 파고가 높아 배는 출항을 못 한다
이월 어느 날
덤불 속에서 번들거리는 뱀피 같은
복수초의 노란 잎을 처음 봤을 때의 놀람과 막막함
삼월 건망증 환자처럼 다시 꽃씨를 심는다
봄날은 어김없이 오는 중국발 황사가 심하니
외출 시 마스크를 필히 착용하시길
마스크를 쓴 사람들이
침묵을 전염병처럼 퍼트리며 웅크리고 걷는다

슬픔은 망고나무 열매처럼

눈을 감으면
잉크 물처럼 번지는 슬픔
슬픔은 어디까지 왔나
목까지 차올랐습니다
눈높이까지 차올랐습니다
드디어 태아처럼 둥둥 떠다닙니다
거의 익사할 뻔했습니다
잠시라도 틈을 주면 안 돼
부력을 키우기 위해
공중 부양을 배워야 해
누군가 나를 찾을 때쯤
보랏빛 입술로 물들기 전에
나는 때로
내가 망고나무 열매처럼 느껴질 때가 있어
망고 열매 절반을 차지하고 있는 씨
너무나 크고 단단하게
가슴 어디쯤 늑골처럼 박혀 있는 통증

왜 거기 있는지
어디서 왔는지
모든 질문은 다 답을 예비하고 있는 건 아니다
아무리 헤매도 제자리만 맴돌 뿐
뿌리는 너무 깊어 캐낼 수가 없었다
아마도 수요일에 태어난 아이였던가*
나는 더 이상 아무것도 묻지 않기로 하고
다만 눈 쌓인 들길을 한없이 걸을 것이다
망고 속에 망고씨가 있듯
그냥 거기 있을 뿐

* 「Wednesday's child is full of woe」란 올드 팝이 있다.

달밤

한밤중 나를 깨운 건
윗목까지 쳐들어온 무뢰한
만월의 달빛
방문을 여니 와르르 봇물 터지듯
쏟아지는 개구리 소리
더 이상 잠들지 못하고 밤길을 간다
개 짖는 동네 낮은 담을 지나
낮에 걸었던 달맞이 핀 강둑
어디나 한량없는 자비를 베푸시는 월광보살
항상 좋아하던 앞산아
키 큰 나무들아
오늘 밤은 너희들이 방해가 되는구나
지상에 오직 둘만 있기 위해
들판 가운데 논밭 사이로 간다
개구리 우는 무논에 빠진 달
그 달을 건져 올려 다시 강물 속에 빠뜨린다
강물은 고요하고

너도 또한 고요하다
물속에 너무 오래 새파래졌구나
이제 그만 일어나야겠다. 너도 물비늘을 털어라
긴 강둑을 따라 돌아오는 길은
등 뒤에 너를 두고
먹어도 먹어도 배부르지 않은 아귀처럼
보아도 보아도 줄지 않는 이 아귀 같은 그리움을 향해
거꾸로 걸어간다

외도에서 쓴 편지

이탈리아의 카프리섬에서 만난
어느 한국 여자가
우리나라 외도보다 못하군요 하던
외도의 유럽풍 앤티크 철제 벤치에 앉아 먼 바다를 봅니다
파도에 갇혀
그대로 주저앉아 버린 몇 개의 섬들이 졸고
나는 아주 오래전부터 그렇게 존재하였던 하나의 섬이거나
수평선 너머 가물거리며 사라지는 배이거나
천천히 날갯짓하며 날아가는 새이기도 하면서
오랜 시간 찾아 헤매던 것들이
거기 지는 해에
생선 비늘처럼 부서집니다
그리운 이여
우리의 사랑이 평화로워지기까지
끝없이 물결은 기슭에 가 닿겠지요

석양이 바다를 곱게 물들이듯
서로에게 스며드는 황혼을 꿈꿀 수 있을까요

귀갓길

해가 지면
암흑 속에 몇 개의 불빛이
섬처럼 떠 있는 작은 마을
당신은 용케 길을 잃지 않고 찾아온다
미물인 개미도 새도
제집을 찾을 수 있는데
하물며 사람이 못 찾을 리 없지만
한밤중에라도 틀림없이
찾아온다는 게 신기하기만 하다
개미가 줄을 지어 가듯
길을 따라오고 있을 뿐인데
그러나 당신은 캄캄한 우주의 끝에서 한곳을 향하여
오고 있는 것이다
큰길을 벗어나
가로등도 없는 갈림길로 들어서면
그제야 나타난 별빛이
등대처럼 멀리서 비춰주고

강둑에 올라서면
노랑 달맞이가 길을 밝혀주는
강둑을 버리고 한 번 더 꼬부라져
개 짖는 동네 끝 개울 건넛집
누구라도
여치나 작은 풀벌레도 찾아올 수 있지만
당신이 꼬박꼬박 길을 잃지 않고
잘 찾아온다는 건 참 고마운 일이다

인도의 추억

생각나?
도착하던 밤 델리의 공항 바닥에 뿌려진 진홍빛 꽃 이파리들
(그들만의 로맨틱한 환영법인 듯)
천장에 선풍기 돌아가던 싸구려 호텔
초록 레몬을 깨물며 구토를 참으며 지나왔던 바라나시의 골목길
기차를 타고 지나쳤던 희미한 새벽 들판
기차를 향해 앉아 아무렇지도 않은 듯 똥 누던 남자
아이라인이 선명한 검은 눈동자의 아이들
타지마할의 대리석 바닥에 누워 보이던
사리를 감은 시골 여자들의 검은 맨발
화려한 전통복을 입은 말 탄 신랑을 따라간 어떤 결혼식
가는 길 내내 현란한 발놀림으로 춤추던 사내아이
그곳에서 해결한 한 끼의 식사로
사소한 다툼 끝의 자연스런 화해
갠지스강 물 위에 떠나보낸 색색의 촛불들

이제는 다 잊어버린 촛불에 실어 보낸 그날의 소원들
검은 강물 위로 흘러가 버린 우리들의 시간들

새의 부활

새가 유리문에 부딪혀
쪽마루에 떨어졌다
모로 누워 죽은 듯 고요하다
고요가 그 근방을 넓혀가고 있었으므로
나는 곧 장례를 치러야겠다고 생각할 때
떨어지면서 나온 흰 알약을 물에 갠 것 같은
희끄무레한 새똥이 묻은 괄약근이 바삐 움직였다
생명의 끝도 시작도
input이 아니라 output
채우기보다 비우기라는 걸
새의 그것이 보여주고 있었다
작은 새야 일어나라
어렵게 한쪽 눈꺼풀이 떠졌다
세상의 문이 열리듯이
다른 쪽의 문이 열릴 때까지
주위의 모든 것은 또다시 숨을 죽이고
침묵하며 기다렸다

마침내 두 눈을 마저 뜨고
고개를 조금 들고
주위를 살피더니
무슨 일이 있었냐는 듯 포르르 날아갔다
그제야 기다린 듯 사방에서 소리가 몰려왔다
모든 것이 다시 시작되었다

뉴질랜드의 양

양털 깎는 남자는
2분도 안 되어 털을 깎아버렸어요
말 못 하는 짐승을 상대로 사는 사람은
그래도 순박한 구석이 남아 있었어요
수줍게 검지와 중지로 V 자를 그려 보이고
양의 엉덩이를 툭 쳤어요
세월의 더께가 더덕더덕 붙어
초가의 이엉처럼 쓰고 있던 털을 벗고
누드로 드러난 분홍빛 피부
추위와 부끄러움에 겅중겅중 뛰며 달아났어요
비가 오면 비 맞고
눈이 오면 눈을 등에 이고
그 자리에서 나고 죽는다는 양들이 동물이 아니라 식물처럼 느껴졌어요
식물의 삶
내게도 그런 날이 오겠지요
그때쯤 나의 이상형

한 그루 나무가 될 수 있을까요
우듬지를 흔드는 바람과 화해하며
폭설에 생살을 찢기기도 하면서
장좌불와의 수행승처럼
선 채로 자신을 완성해가는

삶에 대한 오해

내가 가장 좋아하는 것은
모두 하나의 음절을 가진다
달.눈.섬.별.강.절.산.숲.새…
그것들은 내게 조금 떨어져 있거나
아주 멀리 있다
두 번째로 좋아하는 것은 두 개의 음절을 가진다
구름.여행.바람.나무.바다.하늘…
세 번째로 좋아하는 것은 세 개의 음절을
산그늘.종소리.무지개.강아지…
네 번째도
다섯 번째도
.
.
.
삶이여 미안하다
너는 내 편이 아닌 줄 알았는데
이토록 많은 것을 주었구나

이토록 많은 것을 받고도 늘 징징대기만 했구나

눈물 뚝!

의자

겨울 내내
사철 내내
마당 가운데 배롱나무 옆 그 자리
항상 그 자리에 앉아서 낡아가는 것은
의자와 여자
볕이 좋은 봄날 한두 번
쪽물을 들인 듯 푸른 가을날 두어 번
낙엽과 눈과 잠자리가 더 많이 앉는
참 외로운 의자
참 외로운 여자
비스듬히 누운 몸의 형태를 닮은
조금 뒤로 젖혀져
하늘을 볼 수 있는 참 편한 의자
보기만 해도 쉼이란 단어가 떠오르는
보기만 하는 의자
보기만 하는 여자
나는 의자만 보면 사고 싶어진다

몽돌 바다

안으로 삭이는 슬픔처럼
소리 없이 스며드는 모래밭도 좋지만
차르륵차르륵 가슴을 쓸어내듯
소리 내어 맑아지는 몽돌 바다가 좋더라
눈물로 번들거리는 몸을 뒤척이며
밤새 잠들지 못하는 치통 같은 통증을
바닷물에 헹구며
부딪쳐도 더 이상 아프지 않을 때까지
뒹굴고 또 뒹굴어보자

고분군을 지나며

차창에 걸린
도라지꽃처럼 파리한 얼굴
네가 이 조용한 무덤의 도시를 벗어나
밋밋한 고속도로를 달릴 때쯤
나는 차를 돌려
자전거 수리점을 지나
초등학교를 지나
잦은 개발에도 운 좋게 살아남은
다섯 그루의 메타세쿼이아가 둥글게 모여 사는
고분군을 지나
채 집에 닿기도 전에
참을 수 없는 요의를 터트리듯
터져 나오는 울음이 서천 하늘을 붉게 물들일 때
네가 가든지 오든지
나는 예의 그 무심함으로 살아낼지니
삶이란 신부님의 로만 칼라처럼 거룩한 것만도
노숙자의 누더기처럼 비천한 것만도 아닌 것

죽어가는 자가
남은 자를 불쌍히 여기는 것
죽은 자가
산 자의 삶 속에 가지를 치고
한 그루 나무를 키우는 일

生日

정월 열여드레
엄마 날 낳느라 추워서 고생했겠다
거꾸로 발부터 먼저 나와서 더 고생했겠다
고추 안 달고 나와서 고생한 보람도 없었겠다
개고생하고 낳았는데
개보다 못해서 너무 미안합니다

송년

1년에 한 번
가장 결 고운 바람과
향기로운 꽃잎이 만나듯
우리 만날까
너는 내려오고 나는 올라가
옥천이나 횡계 어디쯤
차창 밖 눈 쌓인 풍경에 언 마음을 녹이며
그리움은 눈송이처럼 날리고
산다는 건 강물처럼
그리움은 그리움인 채 흘려보내고
외로움은 외로움인 채 흘려보내는 것
짧은 만남 긴 이별을 예감하며
서로에게 빌려준 지친 등에 기대어 바라보는
일몰의 하루
따뜻한 노을

고스톱 치는 저녁

이른 저녁을 먹고 마실을 간다
검은 하늘에 박힌 별들도 스치고
충실한 견공들의 짖음도 뒤로하고
초짜에게 가장 어려운 건
Go냐 Stop이냐
늘 기로에서 망설인다
삶의 매 순간들이 그렇듯이
남의 패를 읽을 줄도
계산도 못하면서
못 먹어도 고! 외칠 수 있는 건
어쩌다가 노년까지 와버린
삶이 가르쳐준 대로
행운이든 불운이든 끌어안고
끝까지 가야 한다는 것
언젠가 한 번은
이 저녁 같은 헛헛함을
바닥까지 탈탈 털린 이 지독한 가난을

만회하기 위해서
피박에
쓰리 고에
폭탄을 맞더라도
공중에 손가락 높이 쳐들고
딱 소리 내며
못 먹어도 고다!

詩에게

하루 종일
너만 생각할 순 없잖아
그래도
좀 봐주면 안 되겠니?
가끔씩 찾아와
나랑 놀아주면 안 되겠니?

왜냐면 나는 할 일이 많거든
내가 사는 이곳은 산 아랫마을이야
아침에 방문을 열면
이끼 낀 계곡 냄새에 코를 벌름거리며
여행지에 온 것처럼 착각 놀이를 하지
낮에는 햇빛이 잠깐이라
얼른 빨래를 널어야 하고
저녁은 일찍 찾아와
일찌감치 나물을 삶아야 해
밤에는 달이 지나가는 길목에 기다렸다가

가는 길 내내 동행해줘야 하거든
세상 환한 얼굴로 내 방을 찾아오는데
어떻게 모른 척할 수 있겠어?
달이 없는 밤이라고 할 일이 없는 건 아니야
어제 별이 사라지지 않고 오늘도 나왔는지
양 주인이 양을 세듯 우리 집 마당 위의 별을
모두 세어야 해
그러니 하루가
메트로놈 박자 맞추기처럼
똑딱똑딱 얼마나 빨리 지나가는지
그래도 무엇보다 네가 찾아와 주면
정말 기쁘겠어
늦바람 난 사내처럼 모든 걸 다 버리고
너와 놀아날 거야. 밤낮으로
너를 젤로 사랑하니까
너는 나 자신이 되게 하니까

아무도 모른다

캄캄한 어둠 속에 있던 슬픔이
젖은 몸을 말리러
대낮 창밖 배롱나무 사이로
잠깐 스쳐 지나가는 걸
아무도 모른다
"내 마음을 아-무도 모른다"고 누군가 말했을 때
"아"라는 발음의 강도에 비례한 절망의 깊이를
꽃대를 길게 밀어 올리는
꽃무릇의 땅속 구근의 시간들
마지막 울음이 희미해져 가는
매미의 사라지는 소요
두 팔만 펼쳐도 학이 되는 춤꾼의 이야기
외할머니의 긴 사설이 다 풀지 못한
전설 같은 이야기는
웅얼웅얼 물소리로 흘러가고 있을까
피에로처럼 입술 라인 밖으로
립스틱을 크게 그린 여자는

자신의 소리를 외치고 싶었던 것일까
내가 낮에 웃을 수 있는 건
밤의 눈물 때문이란 걸
사람들은 모른다
아무도 모른다
고양이가 발톱을 감추듯
어둠 속에 눈물을 감추고 있으니까
아무도 보지 못한 시간들이
유빙처럼 부서져 천천히 흘러간다

길

초겨울 햇살이 눈부신 아침
김이 서린 유리창에
어린아이가 연필로 그은 듯이
삐뚤빼뚤 길이 나 있다
자세히 보니
깨알만 한 날벌레가 유리창에 붙어
온몸이 젖은 채로 기어가고 있었다
티끌 같은 몸의 무게는 천근만근인 듯
보일 듯 말 듯 앞으로 나아가고 있다
온몸으로 길을 만들어
가는 곳이 길이 되었다
보자기만 한 유리창
오른쪽에서 왼쪽까지
그의 크기에 비해 지나온 길은
전 생애인 듯 멀다
마침내 더 그리지 못하고 멈춰 선 길
모든 길은
다 닮아 있다

사람의 자식

남산 바위 위의 등 굽은 소나무
시멘트로 깁스한 채
껍질만으로 근근이 버티는
계림숲의 늙은 회화나무
기억은 다 파먹히고
매미 허물 같은 육신만 남은
구순의 시어른
모두 죽을 둥 살 둥 살고 있다
늑대가 나타났다고 외치는
양치기 소년처럼
시아버지 가끔 머리맡에 온 저승사자를 보시는 듯
자식들을 모두 불렀다
속을 줄 알면서도
그때마다 모이는 것이
사람의 자식이다

자화상

거울을 보고 울어봐
내 울음을 멈추기 위해
언니는 조언했다
거울 속에 피카소의 우는 여자가 있다
거울을 보고 웃어보세요
웃음치료사가 주문했다
웃음이 안 나와요
예전에는 나뭇잎이 굴러가도 웃음이 났는데
이제 나뭇잎이 굴러가도 눈물이 나요
자 손뼉을 치고 발을 구르며 웃어보세요
거울 속에 피카소의 추상화가 있다
도무지 뭔지 알 수 없는
나는 아주 위험한 인물이야
구멍이 숭숭 뚫린 연탄재 같은 골다공증의 뼈
언제 부서질지 몰라
구멍 사이로 사철 바람이 들락거려
늘 추워

AI처럼 인공 눈물을 흘리는
나는 내가 누군지 몰라

둥근 밥상

둥근 밥상을 하나 가지고 싶다
앉은뱅이 접이식으로
밥상머리 다복한 풍경이 그리워지는 저녁
롱다리 서양 애들은 감히 흉내 낼 수 없는
양반다리를 얌전히 접고 앉아
눌은밥으로 끓인
뜨물 숭늉까지 마시고 나면
포만감이 곧 행복이 되는
단순한 진리에 고개를 끄덕이며
지구의 이쪽과 저쪽에서 만난 듯
먼 인연일지라도
둥근 밥상에 마주 앉으면
때로 생채기를 냈던 각은 사라지고
무릎걸음으로 다가갈 수 있을 것 같다

능을 지나며

시장 갈 때
내 왼편에 능이 있습니다
집에 오는 길
오른편에 능이 있습니다
그러나 차 속에서
신호등에 걸렸을 때 잠깐 일별할 뿐
파란불일 때는 그냥 지나칩니다
내가 빨래를 널 때
지나가는 행인이 빨래를 널고 있는 어떤 여자를 보듯
빨래를 널면서
지나가는 행인을 힐끗 보듯
사람들은 모두 스쳐 지나갑니다
내가 네가 되고
네가 내가 되는 섬광 같은 순간
능도 사람도
그냥 스쳐 지나쳐 버려야 할 것은
세상에 하나도 없습니다

작은 풀꽃 하나도
발끝에 차이는 돌멩이 하나도
왕릉에게 말 걸기
낯선 이에게 말 걸기
그것이 정유년 새해 목표입니다

| 해설 |

슬픔 곁, 희망 더하기의 시

김성춘 시인·동리목월 문예창작대학 교수

시인의 시를 읽으면 그 시인의 삶과 시인의 최근 모습이 잘 보인다.

이채령 시인의 중요한 시적 출발점은 어디에 있을까? 시집 원고를 몇 번이나 반복해 읽으며 나는 줄곧 이 생각을 했다. 인간이 가진 막막한 슬픔과 어떤 고통일까? 아니면 절망 속에서도 갖게 되는 삶의 희망일까?

천의 얼굴을 가진 삶의 심연 속에서, 그녀의 시도 결국은 인간의 죽음과 희망에 대한 한 사유가 아닐까. 모든 시인들은 나름대로 죽음의 심연을 인식한다. 그리고 그것을 희망으로 극복해내는 일, 이것이 시인의 중요한 시적 출발점이 되는 경우가 많다. 그렇다면 한 시인의 슬픔과 죽음에 대한 사유의 깊은 힘은 어디에서 올까? 이채령, 그녀는 한때 '위파사나'(명상법) 공부를 한, 색다른 체험을 한 사람이다. 아마도 이런 '위파사나' 수련법이 그의 시 세계에 반영됐으리라는 짐작을 해본다.

이채령 시인의 고향은 경주다. 그녀의 집은 경주 동남산 기슭에 있다. 집 근처에 경주 남산에서도 유명한 탑곡 마애불상군이 있고, 옥룡암 계곡의 물이 시인의 집 앞을 흐르고 있다. 시인의 집 대문에는 특이하게도 언제나 고향처럼 반가운 태극기가 휘날리고 있다. 시인과 태극기, 연결이 잘 안 되지만 재밌지 않은가.

먼저, 이번 시집에서 시인의 생각이 어디를 향하고 있는지를 잘 보여주는 한 편의 시를 보자

산 아랫마을의 가을은 더디 오고
첫눈이 올 때까지 오래갔다
붉게 물든 단풍이 석양에 빛날 때는
초가지붕이 불타는 줄 알았다
낙엽을 끌어모아 군불을 지피고
이른 저녁을 지어 먹고
얼음 조각처럼 박힌 별들의 마당을 지나
내 거처로 들면

방 네 귀퉁이 죽은 벌레들의 시체를
장례도 없이 쓸어 담고
마른 장작 같은 육신을 뉜다
긴 여행의 끝
마침내 도달한 고향의 집
(…중략…)
별빛이 가득한 마당을 이고 누워
단풍잎같이 한없이 가벼이 구르며 깔깔거리며 사라지는 꿈을 꾼다
—「귀향 일기 1」 부분

그해 봄은
오래 열병을 앓는 철쭉과
외로움에 말을 걸어주는 양귀비꽃과
개 두 마리와 살았습니다
사람이 그립지 않은 것은 아니었지만
꽃이나 개보다 사람이 나으리란 건
참 나이브한 생각이지요
—「귀향 일기 2」 부분

「귀향 일기」는 소박하지만 아름다운 고향을 노래한 서정

시다. 그녀의 시는 일상의 쉬운 언어로 현실의 이야기를 형상화한다. 고향과 인간에 대한 연민을 담담하게 얘기하듯 들려준다. 시인의 맑은 영혼이 계곡물처럼 잔잔한 울림으로 온다.

어떤 시인은 "인간의 슬픔과 아픔을 드러내는 것이 시이고, 서럽게 무너지는 아픔이 있어야 시의 동력이 된다"(정진규)라고 말하고 있는데, 이채령 시인의 시도 곳곳에 삶의 슬픈 빛깔이 막막한 슬픔으로 전해온다.

특히 어머니를 노래한 시편들은 아련하고 애틋한 정서를 불러일으켜 우수가 짙다.

어느 핸들 봄이 그냥 오는 법이 없소
밤새 부는 비바람에
며칠 전 핀 벚꽃 복숭아꽃 다 져버리고
오늘도 맵찬 바람이
노란 제비 새끼 주둥이 같은
수선화 새싹을 꺾어버렸소
옥색 명주 수건을 쓰고
신작로 길을 하염없이 가고 있던
젊은 시절의 어머니
그렇게나 도망치고 싶었던 삶

(…중략…)

이 생이 곧 연옥이라

(…중략…)

쓰러질 듯 쓰러질 듯

끝까지 완주해낸 마라토너를 안듯

한없이 가벼워진 당신을 끌어안습니다

—「어머니」 부분

어머니! 세상에서 가장 불러보고 싶은 그 이름, 그러나 세상 어머니의 모든 삶이야말로 연옥 같기도 한 이 삶이 아니랴. 도망치고 싶었던 삶이 아니랴.

여리디여린 참꽃 같은

그녀의 몸엔 참꽃색 멍이 가실 날이 없었다

파스 냄새가 진동하는 방 안에

불을 켜지 않은 채

상처 입은 짐승처럼 어둠 속에 웅크리고 있었다

—「살풀이춤」 부분

쌓인 눈이 바람에 날려

다시 공중에 오르는 이곳은

아직 이승이라요. 어머니
내가 그리워하는 것은
어머니일까요
어머니 계신 곳일까요
내게 슬픔을 빼면 남을 게 무엇일까요
—「눈의 환」 부분

"내게 슬픔을 빼면 남을 게 무엇일까요". '어두운 방 안에서 상처 입은 짐승처럼 웅크린 어머니'. 시인의 마음속에는 늘 상처 입은 짐승 같은 슬픔 한 마리가, 어머니의 무덤 하나가 똬리를 틀고 있다.

눈을 감으면
잉크 물처럼 번지는 슬픔
슬픔은 어디까지 왔나
목까지 차올랐습니다
눈높이까지 차올랐습니다
드디어 태아처럼 둥둥 떠다닙니다
—「슬픔은 망고나무 열매처럼」 부분

어머니와의 삶의 회한이 깊게 그려진 시 한 편을 더 보자.

나는 똥이 무섭다
대장암 말기의 엄마는
매일 죽어가고 있었다
시간은 지구가 공전하는 속도로 천천히 흘러가고
그래서 별렀다
똥 싸기만 해봐라
어느 날 몇 걸음도 안 되는 화장실을 못 갔다
얼씨구나 보따리를 싸서 얼른 병원으로 옮겼다
똥을 치워버렸다
그리고 며칠 후 엄마는 갔다
(…중략…)
한동안 내 몸에서 똥내가 나는 듯했다
—「똥」 부분

대장암으로 돌아가신 불쌍한 어머니. 그 가슴 아픈 어머니와의 추억을 '똥'이란 소재로 역설적으로 형상화했다. "똥이 무섭다", "한동안 내 몸에서 똥내가 나는 듯했다". 똥이란 보잘것없는 존재가, 무서운 생의 증거가 된다는 진실. 어머니라는 존재의 무게가 가슴 저리는 허무로 다가오는 시다.

산다는 건 무엇인가? 이것은 모든 시인의 오랜 화두. 좋은 시를 쓰기 위해서는 좋은 삶을 살아야 하듯, 시라는 물건은 책상 앞에 앉아 있는다고 써지는 것이 아니다. 시인에겐 언제나 치열한 삶의 경험과 나만의 통찰이 요구된다. 시집 곳곳에 잠재되어 있는, 평범한 듯하면서도 결코 평범하지 않은 시인의 생에 대한 진술들을 보자.

인생이란 페이소스로 가득 찬 농담이란 걸 / 두레박을 던지면 / 한참 후에 첨벙 소리 나는 / 깊은 우물이 있었지 / 끝이 닿지 않는 슬픔 같은(「용강공단을 지나며」 부분)

산다는 건 / 맞바람을 혼자 걷는 일이다(「다랑쉬오름을 오르며」 부분)

유리창에 성에가 설산을 그려놓은 / 눈부신 아침 / 누군가가 농담처럼 나의 부음을 전하겠지 / 새가 유리창에 부딪혀 죽었대(「그믐밤의 불면증」 부분)

내가 가장 좋아하는 것은 / 모두 하나의 음절을 가진다 / 달.눈.섬.별.강.절.산.숲.새… / 그것들은 내게 조금 떨어져 있거나 / 아주 멀리 있다 / (…중략…) / 삶이여 미안하다 / 너는 내 편이 아닌 줄 알았는데 / 이토록 많은 것을 주었구나 / 이토록 많은 것을 받고도 늘 징징대기만 했구나(「삶에 대한 오해」 부분)

"눈부신 아침 / 누군가가 농담처럼 나의 부음을 전하겠지 / 새가 유리창에 부딪혀 죽었대". 아, 자신의 미래의 죽음을 새 한 마리가 유리창에 부딪혀 죽는, 뜻밖의 죽음으로 담담하게 노래할 수 있다니!

여성적이고 결이 고운 서정적인 시편들 속에도 선이 굵고 과감한, 풍자의 시도 보인다.

초짜에게 가장 어려운 건
Go냐 Stop이냐
늘 기로에서 망설인다
(…중략…)
어쩌다가 노년까지 와버린
삶이 가르쳐준 대로
행운이든 불운이든 끌어안고
끝까지 가야 한다는 것
언젠가 한 번은
이 저녁 같은 헛헛함을

바닥까지 탈탈 털린 이 지독한 가난을
만회하기 위해서
피박에
쓰리 고에
폭탄을 맞더라도
—「고스톱 치는 저녁」 부분

그러나 무엇보다 이번 시집 곳곳에서 이채령 시인의 또 다른 가능성을 나는 본다. 그것은 다름 아닌 사라져가는 '경주 사투리' 쪽으로의 변화다. 일찍이 목월 시인도 시도한 바 있는 경주 사투리는 투박하지만 감각적이고 고향 냄새 물씬 풍기는 자연 친화적인 느낌을 준다.

2일 7일 장이니 오늘이 장날임더 금자 씨
자 안 갈랑교
남편 죽은 지 며칠 됐다고
남들이 욕하니더 그라겠지요
한 줌도 안 되는 뼛가루를 끌어안고 있으나
시간은 맹 같이 가니더
사는 기 죽는 거보다 더 어려분 거 다 아니더
(…중략…)

구름처럼 우뭇가사리 떠다니는 시원한 콩 국물도 한 사발 들이켜고
마른 가자미도 한 마리 더 흥정하며
그리 세월을 보내다 보면
어느덧 우리 차례도 안 오겠능교
그때꺼정 장 하던 대로
자 가시더
–「장날」 부분

얼핏 목월의 시 「기계 장날」 분위기도 떠오르지만, 참 구수하고 재미난 경주 사투리 시다.

삶이 가진 슬픔과 고통, 그 절망과 희망 사이에서 끝끝내 절망을 극복하고 희망 더하기에 시의 출발점을 둔 이채령 시인. 그러면서도 난해한 시가 아닌, 일상의 쉬운 언어로 현실을 이야기하면서 적절한 묘사와 참신한 비유로 독자들에게 잔잔한 울림을 던져주는 이번 시집은, 앞으로의 그의 시에 큰 기대를 갖게 한다.

끝으로, 시의 뮤즈에게 애교를 부려 미소를 자아내는 그녀의 시 한 편을 읽으며 어쭙잖은 나의 글을 마무리하고자 한다.

하루 종일
너만 생각할 순 없잖아
그래도
좀 봐주면 안 되겠니?
가끔씩 찾아와
나랑 놀아주면 안 되겠니?
─「詩에게」 부분

맑고 순결한 시정신으로 남산의 기氣를 담뿍 받고 사는 우리의 이채령 시인. 그녀의 아름다운 첫 시집 출간을 축하하며, 영원한 남산 같은 그녀의 푸르름에 축배를!